Impressum
Verlag: BABADADA GmbH, Nedderfeld 112 , 22529 Hamburg
Geschäftsführer / Verlagsleitung: Harald Hof
Druck: Books on Demand GmbH, In de Tarpen 42, 22848 Norderstedt

Imprint
Publisher: BABADADA GmbH, Nedderfeld 112 , 22529 Hamburg, Germany
Managing Director / Publishing direction: Harald Hof
Print: Books on Demand GmbH, In de Tarpen 42, 22848 Norderstedt

學校
skola

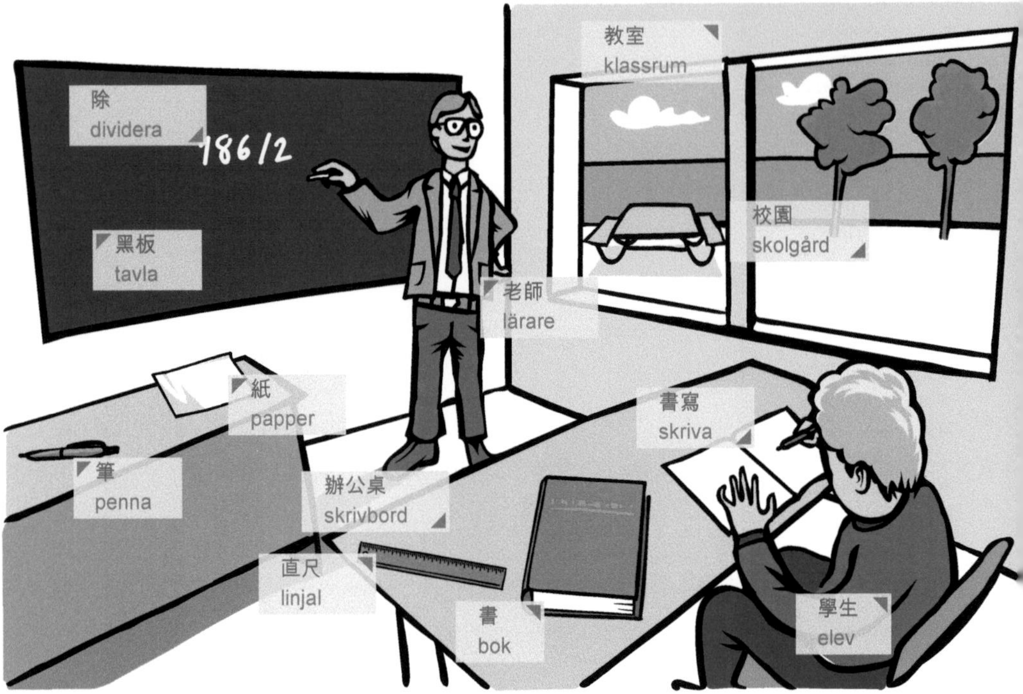

教室
klassrum
除
dividera
186/2
黑板
tavla
校園
skolgård
老師
lärare
紙
papper
書寫
skriva
筆
penna
辦公桌
skrivbord
直尺
linjal
書
bok
學生
elev

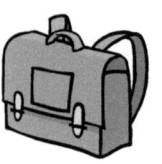

書包

skolväska

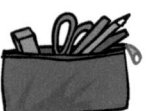

鉛筆盒

pennfodral

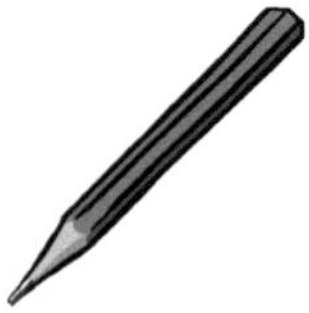

鉛筆

blyertspenna

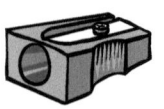

削鉛筆機

pennvässare

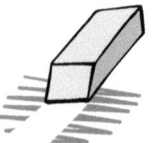

橡皮擦

suddgummi

畫板

ritblock

圖畫

teckning

畫筆

pensel

顏料盒

målarlåda

剪刀

sax

膠水

lim

練習冊

övningsbok

家庭作業

hemläxa

12

數字

tal

2+2

加

addera

5-2

減

subtrahera

2×2

乘

multiplicera

計算

räkna

A

字母

bokstav

ABCDEFG
HIJKLMN
OPQRSTU
VWXYZ

字母表

alfabet

hello

字

ord

課文

text

讀

läsa

粉筆

krita

上課

lektion

登記

register

考試

prov

證書

intyg

校服

skoluniform

教育

utbildning

百科全書

uppslagsverk

大學

universitet

顯微鏡

mikroskop

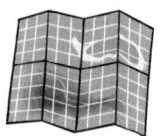

地圖

karta

廢紙簍

papperskorg

旅行
resa

飯店
hotell
Grand
青年旅社
vandrarhem
ROOMS
外幣兌換處
växelkontor
CHANGE
手提箱
resväska
汽車
bil

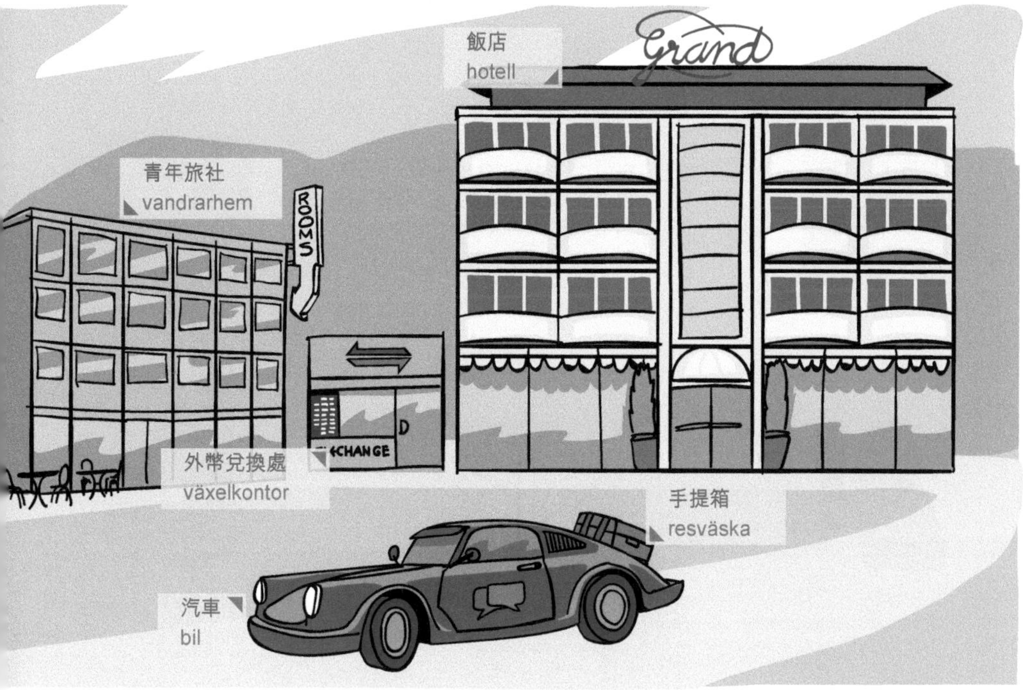

語言
språk

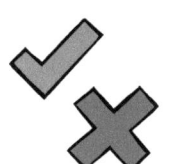

是/否
ja / nej

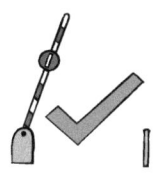

好的
Okay

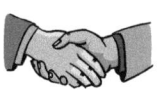

您好
hej

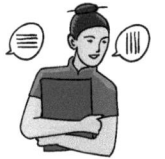

翻譯人員
översättare

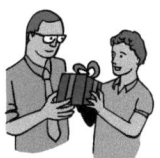

謝謝
Tack

……多少錢？

hur mycket kostar…?

我不明白

jag förstår inte

問題

problem

晚上好！

God kväll!

早上好！

God morgon!

晚安！

God natt!

再見

hejdå

方向

riktning

行李

bagage

包

väska

背包

ryggsäck

客人

gäst

房間

rum

睡袋

sovsäck

帳篷

tält

旅行資訊

turistinformation

海灘

strand

信用卡

kreditkort

早餐

frukost

午餐

lunch

晚餐

middag

票

biljett

電梯

hiss

郵票

frimärke

邊界

gräns

海關

tull

大使館

ambassad

簽證

visum

護照

pass

交通運送

transport

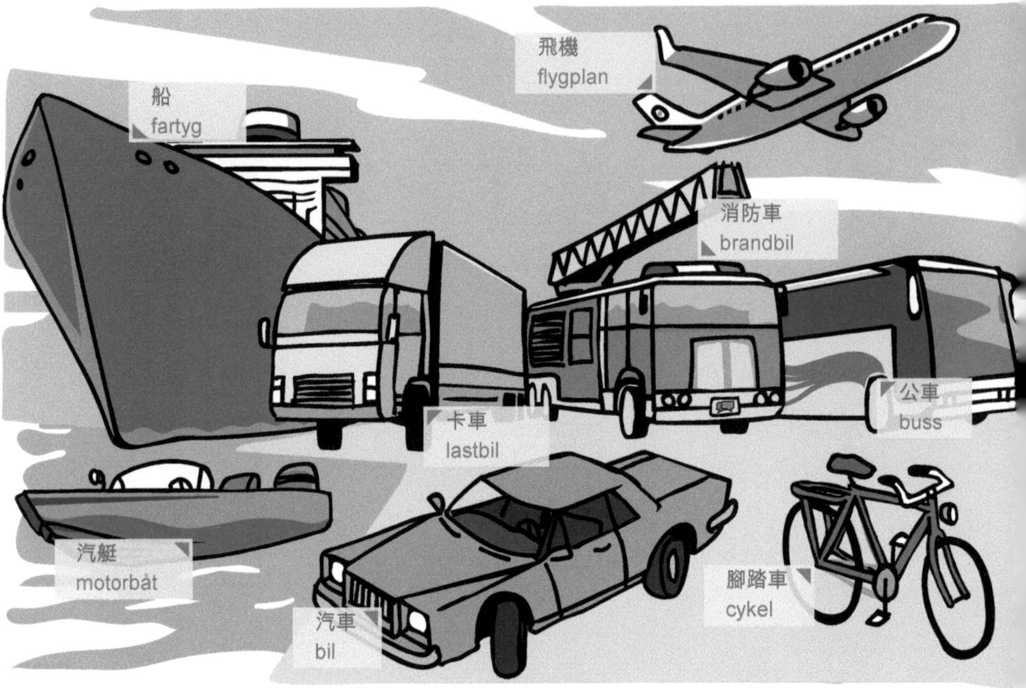

飛機
flygplan
船
fartyg
消防車
brandbil
公車
buss
卡車
lastbil
汽艇
motorbåt
腳踏車
cykel
汽車
bil

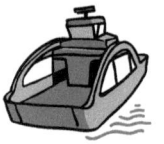

渡輪

färja

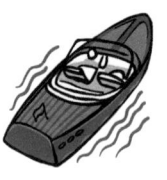

小船

båt

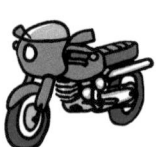

機車

motorcykel

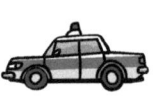

警車

polisbil

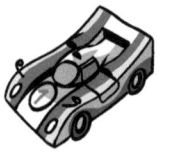

賽車

racerbil

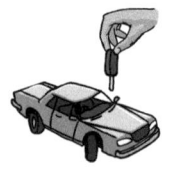

租車

hyrbil

拼車

bilpool

拖車

bärgningsbil

垃圾車

sopbil

馬達

motor

汽油

bränsle

加油站

bensinstation

交通標識

vägmärke

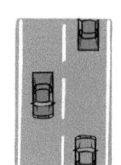

交通

trafik

交通堵塞

bilkö

停車場

parkeringsplats

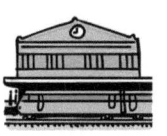

火車站

tågstation

軌道

räls

火車

tåg

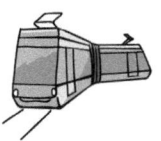

路面電車

spårvagn

客車廂

vagn

直升機
helikopter

機場
flygplats

塔
torn

乘客
passagerare

集裝箱
container

紙板箱
kartong

手推車
vagn

籃子
korg

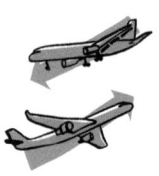

起飛/降落
starta / landa

城市
stad

村莊
by

市中心
centrum

房子
hus

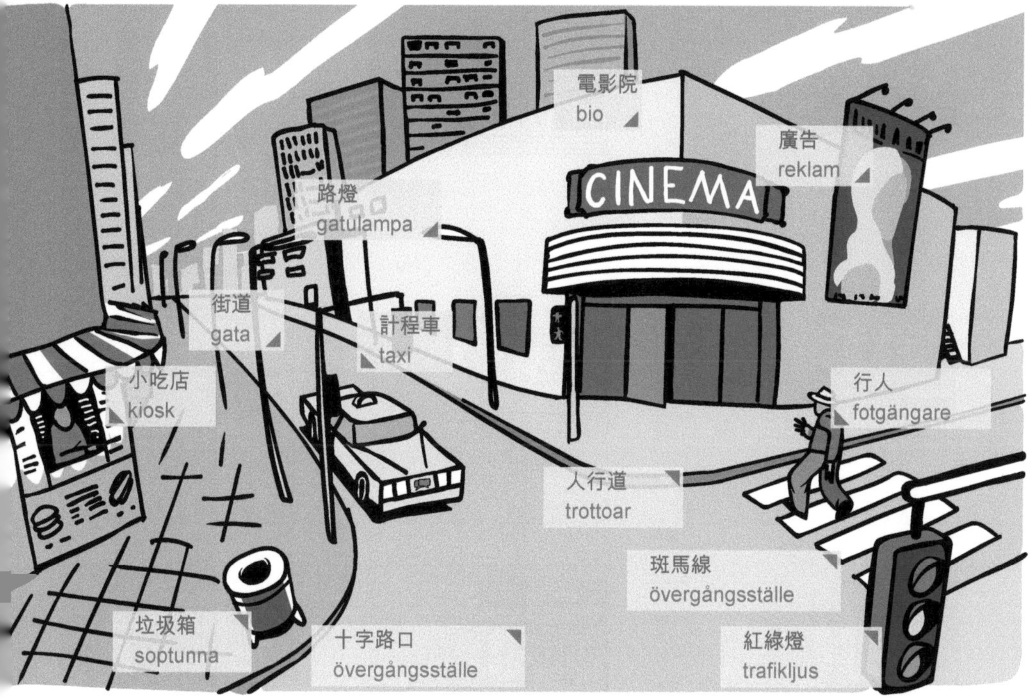

電影院
bio

廣告
reklam

路燈
gatulampa

街道
gata

計程車
taxi

小吃店
kiosk

行人
fotgängare

人行道
trottoar

斑馬線
övergångsställe

紅綠燈
trafikljus

垃圾箱
soptunna

十字路口
övergångsställe

小屋
stuga

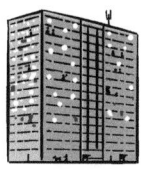

公寓
lägenhet

火車站
tågstation

市政廳
stadshus

博物館
museum

學校
skola

大學
universitet

銀行
bank

醫院
sjukhus

飯店
hotell

藥房
apotek

辦公室
kontor

書店
bokhandel

商店
affär

花店
blomsterbutik

超市
stormarknad

市場
marknad

百貨商店
varuhus

魚店
fiskhandlare

購物中心
köpcentrum

海港
hamn

公園
park

長凳
bänk

橋
brygga

樓梯
trappa

捷運
tunnelbana

隧道
tunnel

公車站
busshållplats

酒吧
bar

餐館
restaurang

郵筒
brevlåda

路標
gatuskylt

停車計時器
parkeringsautomat

動物園
zoo

游泳池
simbassäng

清真寺
moské

農場
bondgård

污染
förorening

墓地
kyrkogård

教堂
kyrka

操場
lekplats

寺廟
tempel

地形
landskap

樹葉
löv

指示牌
vägskylt

路
väg

草地
äng

石頭
sten

樹
träd

徒步旅行者
liftare

河
flod

草
gräs

花
blomma

峽谷

dal

丘陵

kulle

湖

sjö

森林

skog

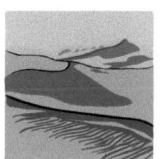

沙漠

öken

火山

vulkan

城堡

slott

彩虹

regnbåge

蘑菇

svamp

棕櫚樹

palm

蚊子

mygga

蒼蠅

fluga

螞蟻

myra

蜜蜂

bi

蜘蛛

spindel

甲蟲

skalbagge

青蛙

groda

松鼠

ekorre

刺蝟

igelkott

野兔

hare

貓頭鷹

uggla

鳥

fågel

天鵝

svan

野豬

vildsvin

鹿

rådjur

麋鹿

älg

水壩

damm

風力發電機

vindkraftverk

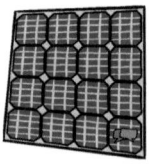

太陽能電池板

solcellspanel

氣候

klimat

餐館
restaurang

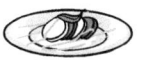

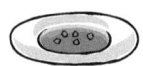

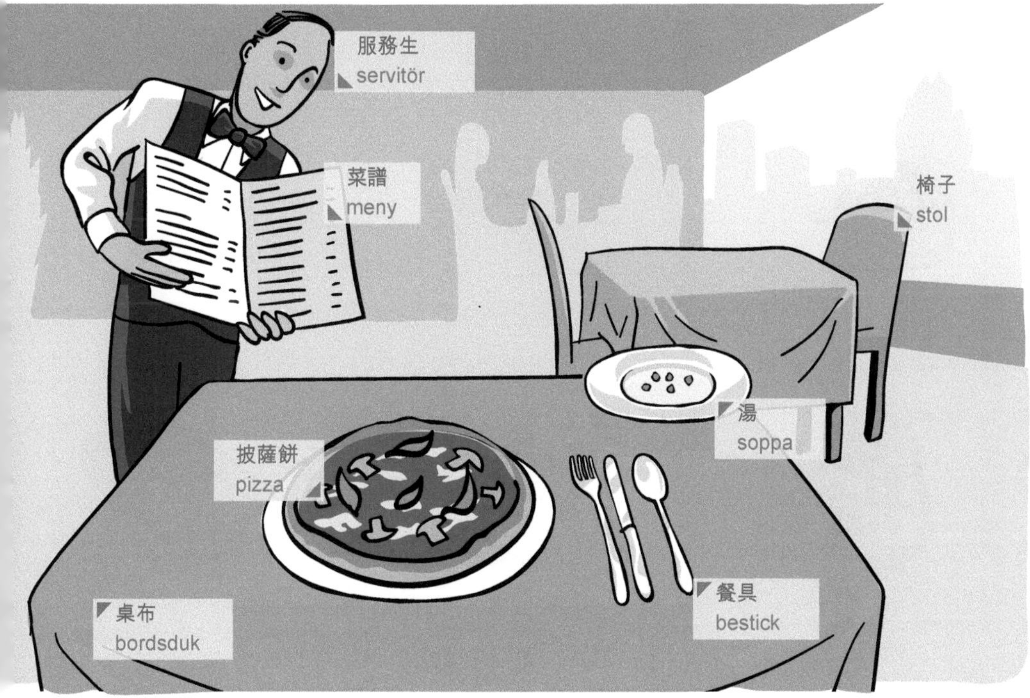

服務生
servitör
菜譜
meny
椅子
stol
湯
soppa
披薩餅
pizza
餐具
bestick
桌布
bordsduk

前菜
förrätt

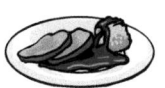

主菜
huvudrätt

甜點
dessert

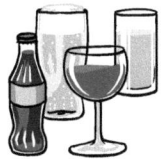

飲料
drycker

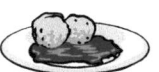

食物
mat

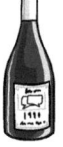

瓶子
flaska

速食
snabbmat

街邊小吃
street food

茶壺
tekanna

糖盒
sockerskål

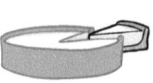

一份飯菜
portion

義式咖啡機
espressomaskin

高腳椅
barnstol

帳單
räkning

托盤
bricka

刀
kniv

餐叉
gaffel

勺子
sked

茶匙
tesked

餐巾
servett

玻璃杯
glas

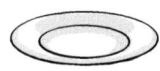

碟子

tallrik

湯盤

sopptallrik

碟子

tefat

醬

sås

鹽瓶

saltkar

胡椒研磨罐

pepparkvarn

醋

vinäger

食用油

olja

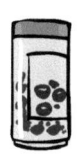

調味料

kryddor

番茄醬

ketchup

芥末

senap

美乃滋

majonnäs

超市

stormarknad

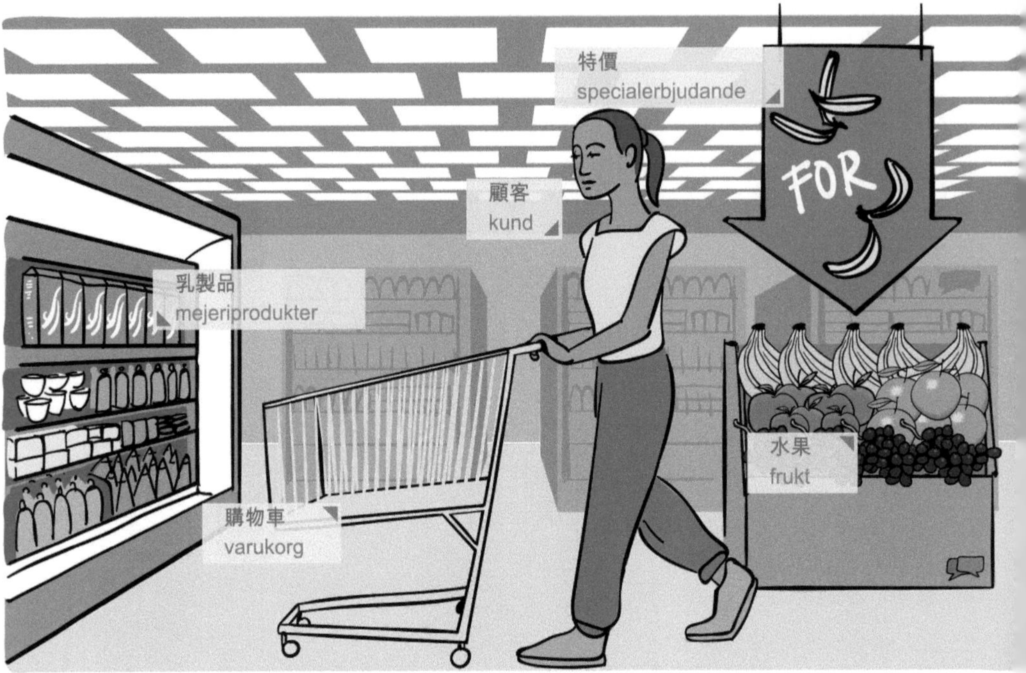

特價
specialerbjudande
FOR
顧客
kund
乳製品
mejeriprodukter
水果
frukt
購物車
varukorg

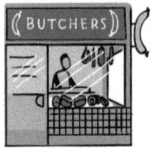

BUTCHERS

肉鋪

charkuteri

BAKERY

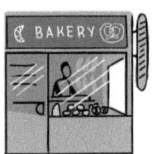

麵包店

bageri

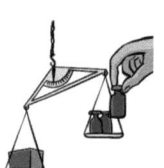

稱重

väga

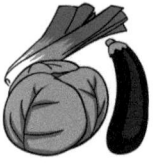

蔬菜

grönsaker

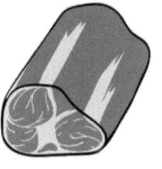

肉

kött

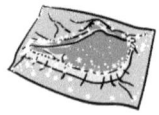

冷凍食品

frysta livsmedel

冷盤
pålägg

罐頭食品
konserver

洗衣粉
tvättmedel

甜食
godis

日用品
hushållsprodukter

清潔用品
rengöringsmedel

銷售員
försäljare

收銀機
kassa

收銀員
kassör

購物清單
inköpslista

開放時間
öppettider

錢包
plånbok

信用卡
kreditkort

袋子
väska

塑膠袋
plastpåse

水

vatten

果汁

juice

牛奶

mjölk

可樂

cola

紅酒

vin

啤酒

öl

酒

alkohol

可可

kakao

茶

te

咖啡

kaffe

義式濃縮咖啡

espresso

卡布奇諾

cappuccino

香蕉

banan

蘋果

äpple

柳丁

apelsin

西瓜

melon

檸檬

citron

胡蘿蔔

morot

大蒜

vitlök

竹子

bambu

洋蔥

lök

蘑菇

svamp

堅果

nötter

麵條

nudlar

義大利麵

spaghetti

米飯

ris

沙拉

sallad

薯條

pommes frites

炸馬鈴薯

stekt potatis

披薩餅

pizza

漢堡

hamburgare

三明治

smörgås

炸豬排

schnitzel

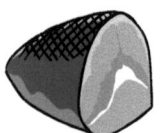

火腿

skinka

義大利臘腸

salami

香腸

korv

雞肉

kyckling

烤肉

stek

魚

fisk

燕麥片

havregryn

木斯里

müsli

玉米片

cornflakes

麵粉

mjöl

牛角麵包

croissant

麵包捲

fralla

麵包

bröd

吐司

rostat bröd

餅乾

kex

奶油

smör

凝乳

kvarg

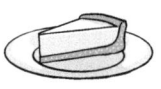

蛋糕

kaka

蛋

ägg

煎蛋

stekt ägg

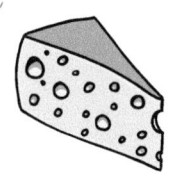

起司

ost

冰淇淋

glass

糖

socker

蜂蜜

honung

果醬

sylt

巧克力醬

nougatkräm

咖哩

curry

bondgård

農舍
lantgård

糧倉
ladugård

稻草捆
halmbal

田野
fält

馬
häst

拖車
trailer

馬駒
föl

拖拉機
traktor

驢
åsna

羊
får

羔羊
lamm

山羊

get

奶牛

ko

小牛

kalv

豬

gris

小豬

griskulting

公牛

tjur

鵝

gås

鴨

anka

小雞

kyckling

母雞

höna

公雞

tupp

鼠

råtta

貓

katt

老鼠

mus

牛

oxe

狗

hund

狗屋

hundkoja

花園澆水軟管

trädgårdsslang

澆水壺

vattenkanna

長柄大鐮刀

lie

犁

plog

鐮刀

skära

鋤頭

hacka

長柄草耙

högaffel

斧頭

yxa

獨輪手推車

skottkärra

飼料槽

tråg

牛奶罐

mjölkflaska

麻布袋

säck

柵欄

staket

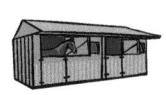

馬廄

stall

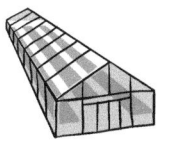

溫室

växthus

土壤

jord

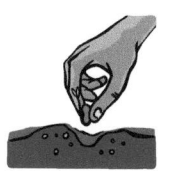

種子

säd

肥料

gödsel

聯合收割機

skördetröska

收割
skörda

收割
skörd

地瓜
jams

小麥
vete

大豆
soja

土豆
potatis

玉米
majs

油菜籽
raps

果樹
fruktträd

樹薯
maniok

穀物
spannmål

房子
hus

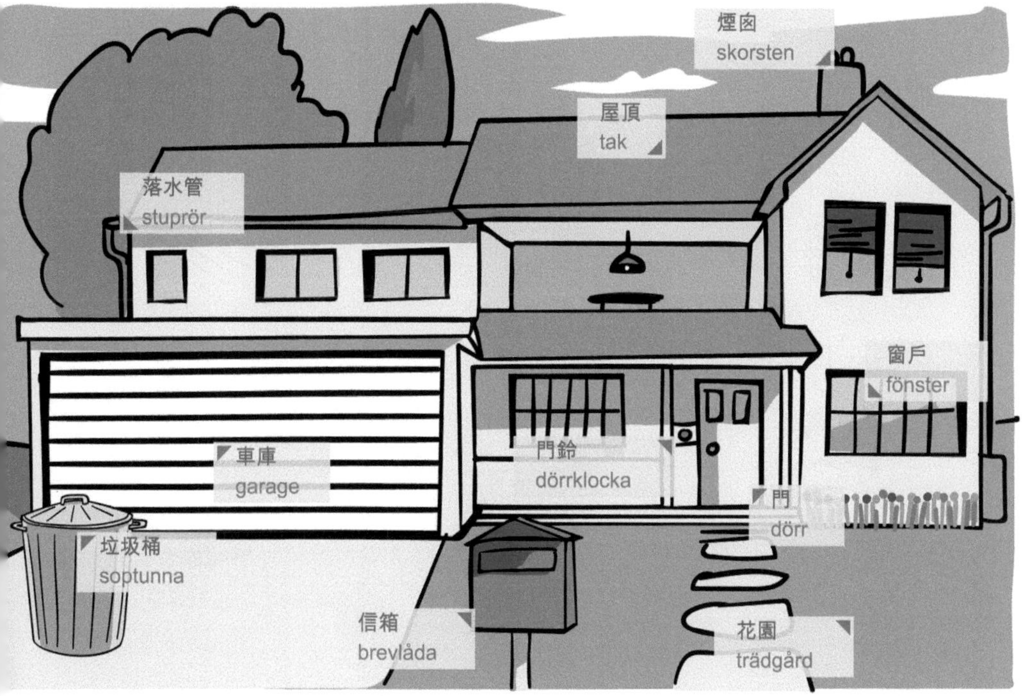
煙囪
skorsten
屋頂
tak
落水管
stuprör
窗戶
fönster
車庫
garage
門鈴
dörrklocka
門
dörr
垃圾桶
soptunna
信箱
brevlåda
花園
trädgård

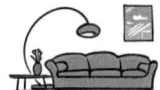

客廳
vardagsrum

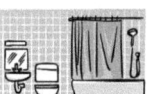

浴室
badrum

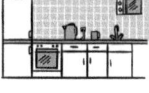

廚房
kök

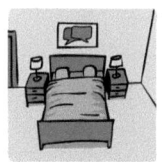

臥室
sovrum

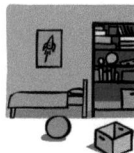

兒童房
barnrum

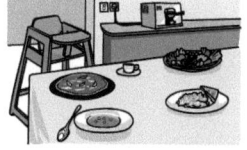

餐廳
matsal

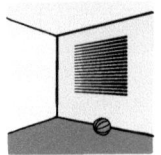

地板
golv

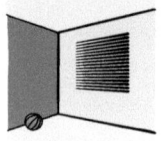

牆壁
vägg

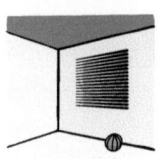

天花板
tak

地窖
källare

三溫暖
bastu

陽臺
balkong

露臺
terrass

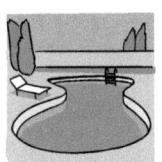

游泳池
bassäng

割草機
gräsklippare

被單
lakan

床罩
överkast

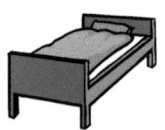

床
säng

掃帚
kvast

水桶
hink

開關
strömbrytare

客廳

vardagsrum

壁紙
tapet
相片
bild
檯燈
lampa
擱架
hylla
櫥櫃
skåp
電視
TV
壁爐
eldstad
花
blomma
墊子
kudde
沙發
soffa
花瓶
vas
遙控器
fjärrkontroll

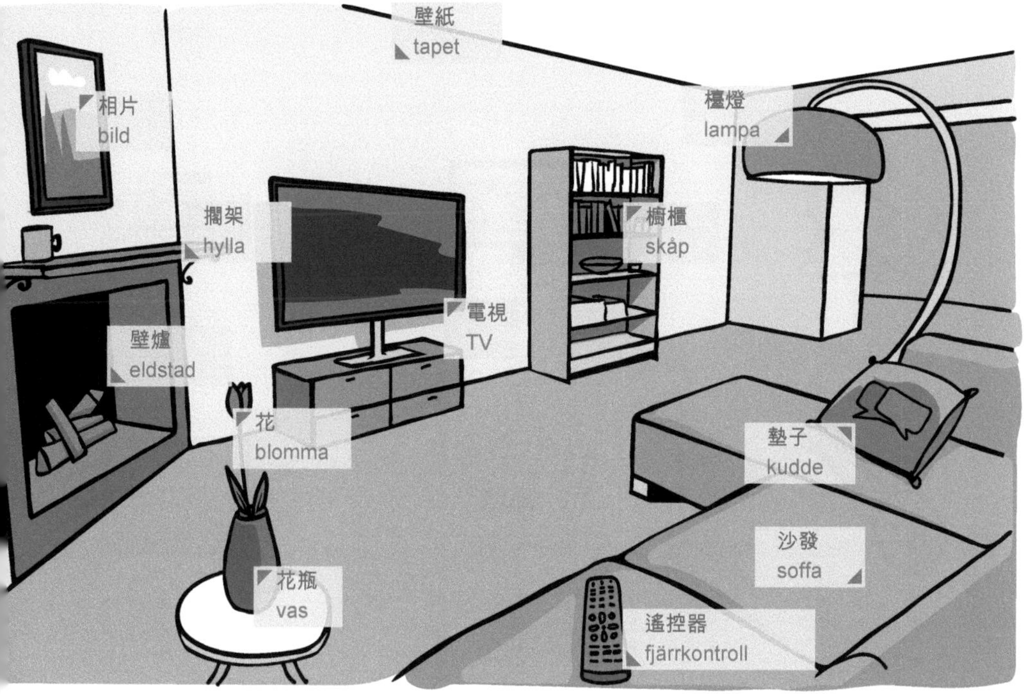

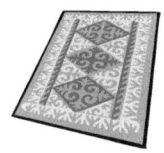

地毯

matta

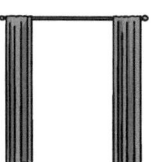

窗簾

gardin

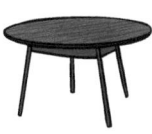

餐桌

bord

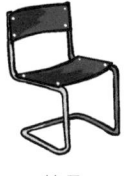

椅子

stol

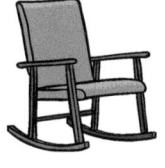

搖椅

gungstol

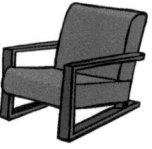

扶手椅

fåtölj

書

bok

毯子

filt

裝飾品

dekoration

木柴

vedträ

電影

film

高傳真音響

stereoanläggning

鑰匙

nyckel

報紙

dagstidning

油畫

målning

海報

poster

收音機

radio

筆記本

anteckningsbok

吸塵器

dammsugare

仙人掌

kaktus

蠟燭

stearinljus

廚房

kök

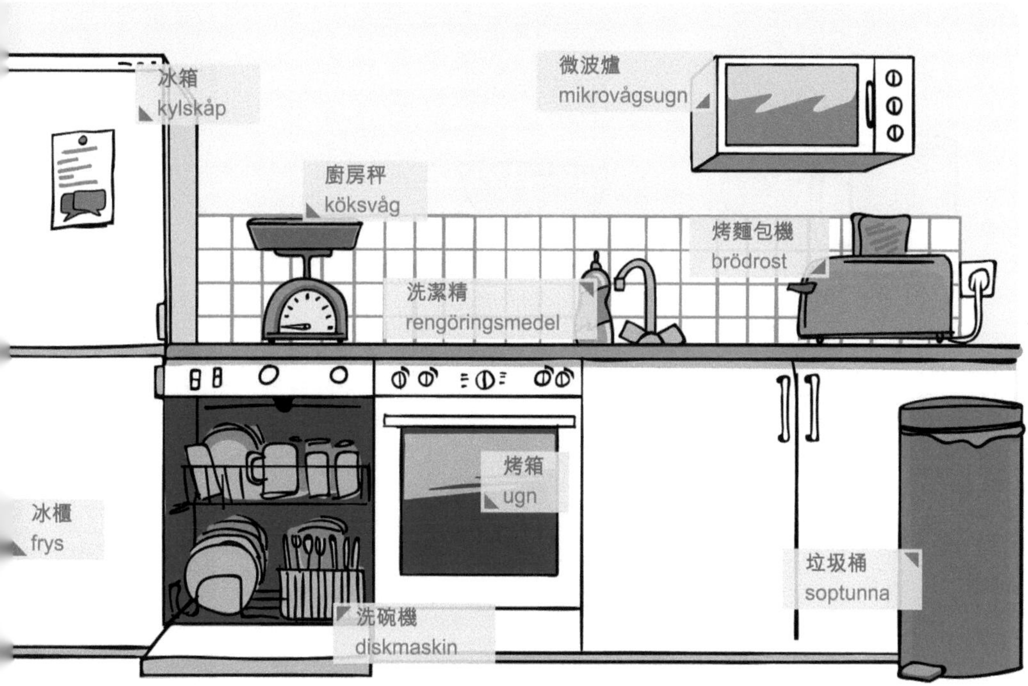
冰箱
kylskåp
微波爐
mikrovågsugn
廚房秤
köksvåg
烤麵包機
brödrost
洗潔精
rengöringsmedel
烤箱
ugn
冰櫃
frys
垃圾桶
soptunna
洗碗機
diskmaskin

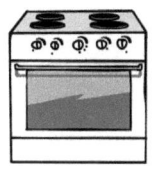

炊具

spis

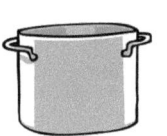

鍋

kastrull

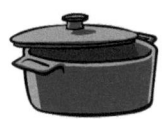

鑄鐵鍋

järngryta

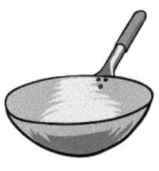

炒鍋

wok / kadai

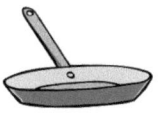

平底鍋

stekpanna

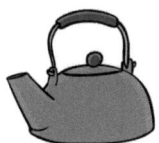

水壺

vattenkokare

蒸鍋

ångkokare

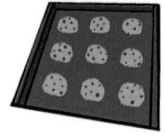

烤盤

bakplåt

陶瓷鍋

porslin

馬克杯

mugg

碗

skål

筷子

ätpinnar

長柄勺

soppslev

鏟子

stekspade

攪拌器

visp

濾網

durkslag

篩子

sil

磨碎機

rivjärn

研缽

mortel

燒烤

grill

明火

brasa

菜板
skärbräda

擀麵杖
kavel

開瓶器
korkskruv

罐子
burk

開罐器
burköppnare

隔熱手套
grytlapp

水槽
vask

刷子
borste

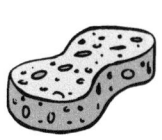

海綿
svamp

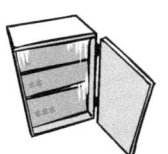

攪拌機
mixer

冷藏箱
frys

奶瓶
nappflaska

水龍頭
kran

浴室

badrum

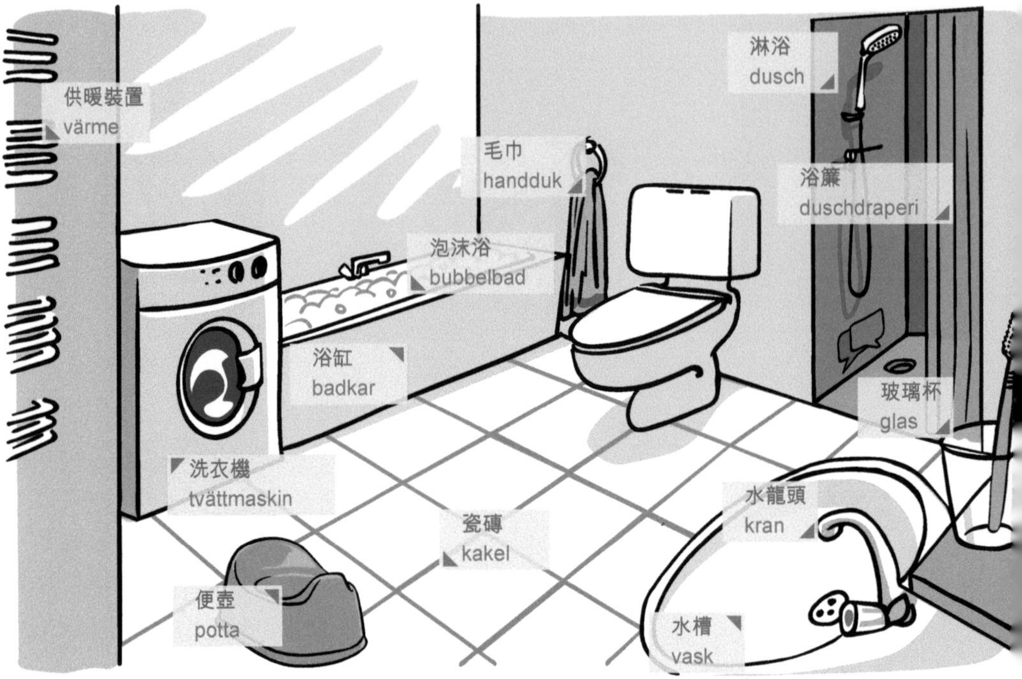

供暖裝置
värme
毛巾
handduk
淋浴
dusch
浴簾
duschdraperi
泡沫浴
bubbelbad
浴缸
badkar
玻璃杯
glas
洗衣機
tvättmaskin
水龍頭
kran
瓷磚
kakel
便壺
potta
水槽
vask

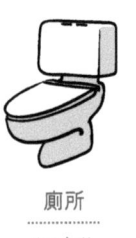

廁所
toalett

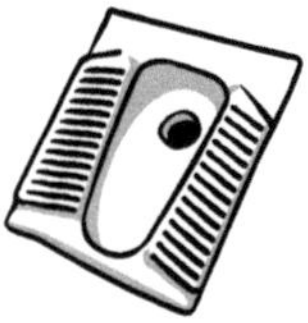

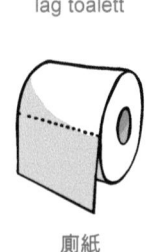

蹲便器
låg toalett

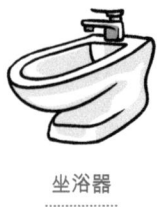

坐浴器
bidet

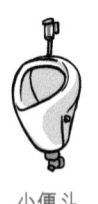

小便斗
pissoar

廁紙
toalettpapper

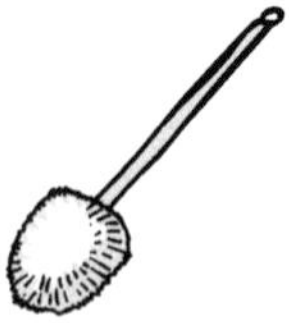

馬桶刷
toalettborste

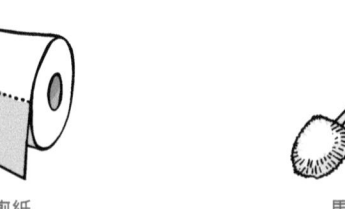

牙刷
tandborste

牙膏
tandkräm

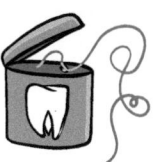

牙線
tandtråd

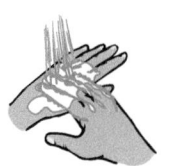

洗
tvätta

手持式蓮蓬頭
handdusch

沖洗器
intimdusch

洗臉盆
handfat

洗背刷
ryggborste

肥皂
tvål

沐浴露
duschgel

洗髮乳
schampo

法蘭絨
trasa

排水
avlopp

乳霜
crème

除臭劑
deodorant

浴室 - badrum

鏡子

spegel

手鏡

handspegel

刮鬍刀

rakhyvel

刮鬍泡沫

raklödder

鬍後水

rakvatten

梳子

kam

刷子

borste

吹風機

hårtork

噴髮定型劑

hårspray

化妝品

smink

唇膏

läppstift

指甲油

nagellack

化妝棉

bomullsvadd

指甲剪

nagelsax

香水

parfym

洗漱包

necessär

凳子

pall

計重秤

våg

浴袍

badrock

橡膠手套

gummihandskar

衛生棉條

tampong

衛生棉

binda

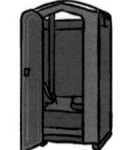

化學廁所

kemisk toalett

兒童房

barnrum

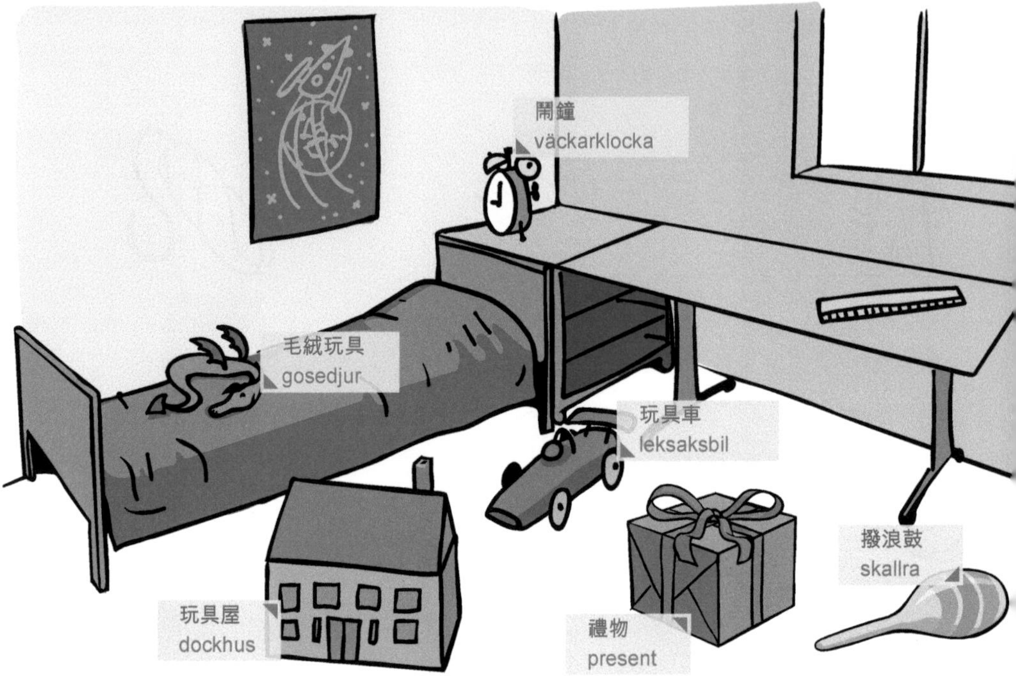

鬧鐘
väckarklocka
毛絨玩具
gosedjur
玩具車
leksaksbil
撥浪鼓
skallra
玩具屋
dockhus
禮物
present

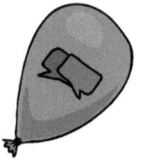

氣球

ballong

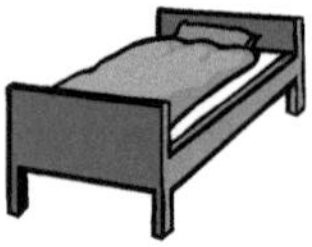

床

säng

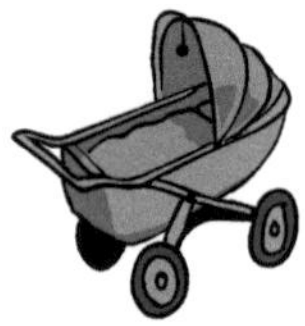

嬰兒車

barnvagn

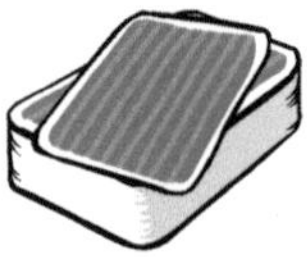

撲克牌

kortlek

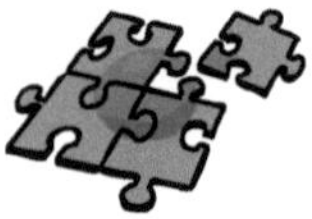

拼圖

pussel

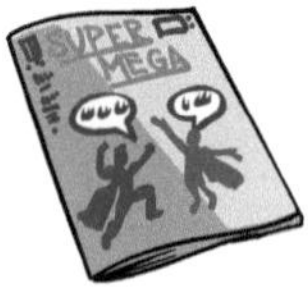

SUPER
MEGA

漫畫

serietidning

樂高積木

legobitar

積木玩具

klossar

公仔

actionfigur

嬰兒服

sparkdräkt

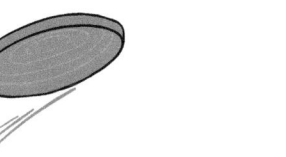

飛盤

frisbee

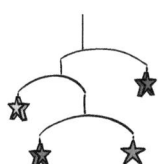

床鈴玩具

mobil

棋盤遊戲

brädspel

骰子

tärning

火車模型

modelljärnväg

安撫奶嘴

napp

派對

party

繪本

bilderbok

球

boll

洋娃娃

docka

玩

spela

沙坑

sandlåda

鞦韆

gunga

玩具

leksaker

電玩遊戲

spelkonsol

三輪車

trehjuling

泰迪熊

nalle

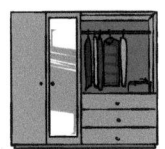

衣櫃

garderob

衣服

kläder

襪子

sockar

長襪

strumpor

緊身褲

tights

圍巾
halsduk

皮帶
bälte

雨傘
paraply

T恤
t-shirt

運動鞋
sneakers

靴子
stövlar

拖鞋
tofflor

涼鞋
sandaler

鞋
skor

雨靴
gummistövlar

內褲
underbyxor

胸罩
BH

背心
linne

身體
body

褲子
byxor

牛仔褲
jeans

短裙
kjol

女式襯衫
blus

襯衫
skjorta

套頭衫
pullover

連帽上衣
sweater

西裝夾克
blazer

夾克
jacka

外套
kappa

雨衣
regnjacka

套裝
dräkt

連衣裙
klänning

婚紗
bröllopsklänning

西裝
kostym

睡袍
nattlinne

睡衣
pyjamas

莎麗
sari

頭巾
slöja

包頭巾
turban

波卡
burka

卡夫坦
kaftan

(阿拉伯式)長袍
abaya

泳衣
baddräkt

男式泳褲
badbyxor

短褲
shorts

運動服
träningsoverall

圍裙
förkläde

手套
handskar

衣服 - kläder

鈕扣
knapp

眼鏡
glasögon

手鏈
armband

項鍊
halsband

戒指
ring

耳環
örhänge

便帽
mössa

衣架
galge

帽子
hatt

領帶
slips

拉鍊
dragkedja

安全帽
hjälm

背帶
hängslen

校服
skoluniform

制服
uniform

圍兜

haklapp

安撫奶嘴

napp

尿布

blöja

辦公室
kontor

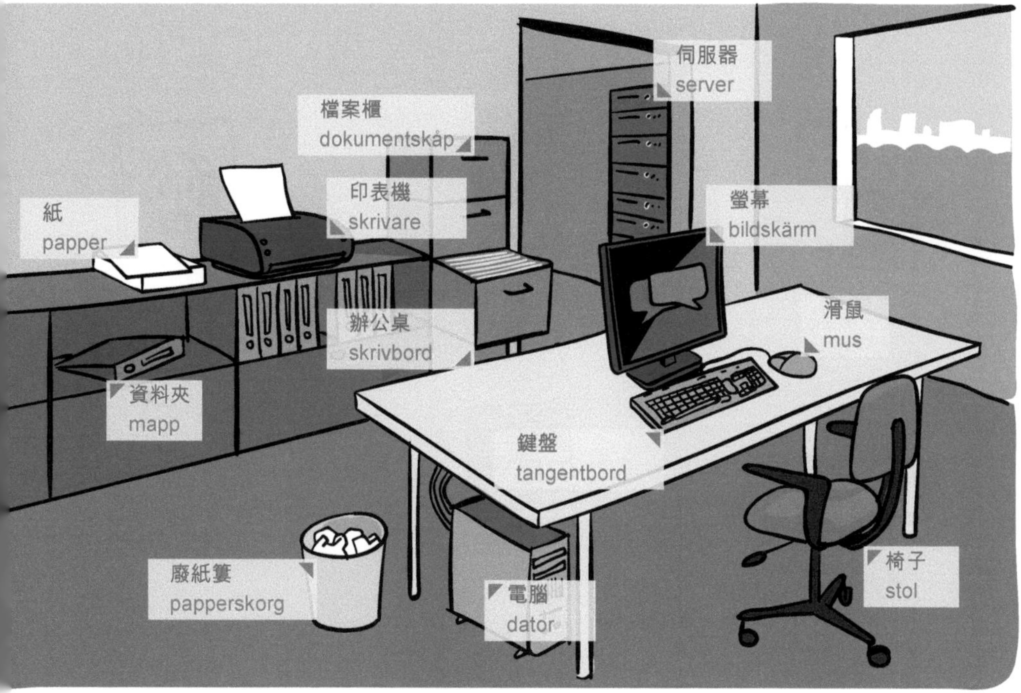

伺服器
server

檔案櫃
dokumentskåp

印表機
skrivare

螢幕
bildskärm

紙
papper

辦公桌
skrivbord

滑鼠
mus

資料夾
mapp

鍵盤
tangentbord

廢紙簍
papperskorg

電腦
dator

椅子
stol

咖啡杯

kaffemugg

計算機

miniräknare

網際網路

internet

筆記型電腦

bärbar dator

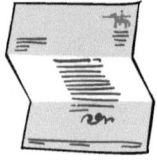

信件

brev

簡訊

meddelande

行動電話

mobiltelefon

網路

nätverk

影印機

kopieringsapparat

軟體

programvara

電話

telefon

插座

vägguttag

傳真機

fax

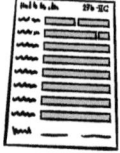

表格

blankett

檔案

dokument

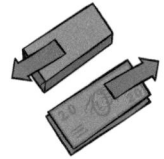

買
köpa

付錢
betala

交易
handla

現金
pengar

美元
dollar

歐元
euro

日元
yen

盧布
rubel

瑞士法郎
schweizisk franc

人民幣
renminbi yan

盧比
rupie

提款處
bankomat

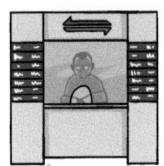

外幣兌換處

växelkontor

金

guld

銀

silver

石油

olja

能源

energi

價格

pris

合約

kontrakt

稅金

skatt

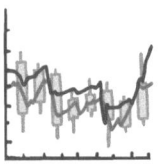

股票

aktie

工作

arbeta

職員

anställd

老闆

arbetsgivare

工廠

fabrik

商店

affär

職業

yrken

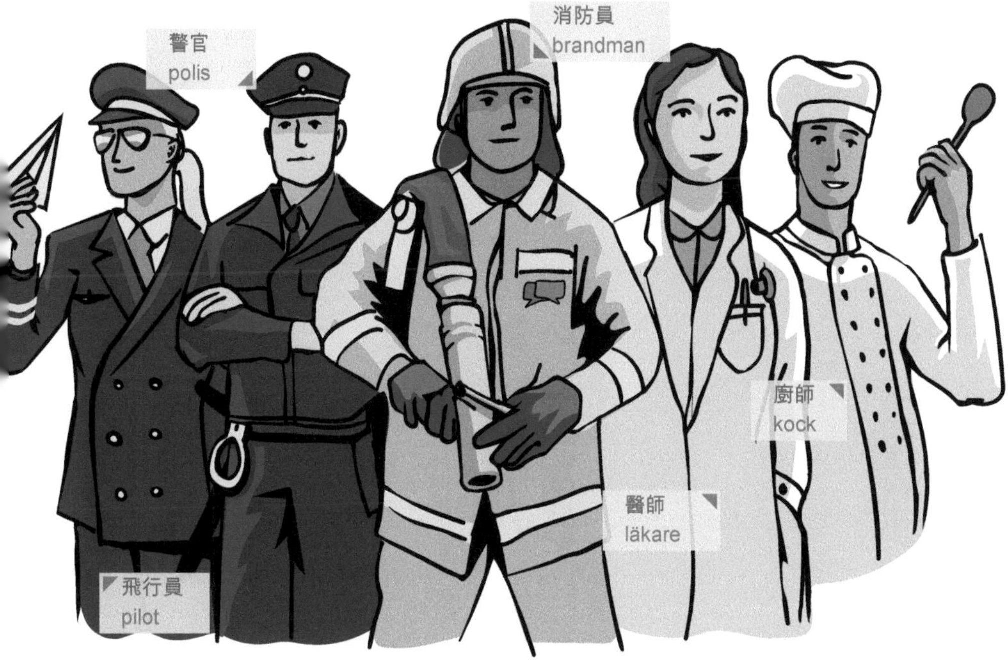
警官
polis
消防員
brandman
廚師
kock
醫師
läkare
飛行員
pilot

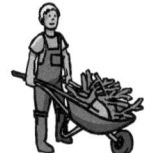

園丁

trädgårdsmästare

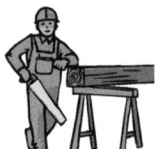

木匠

snickare

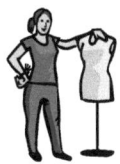

裁縫

sömmerska

法官

domare

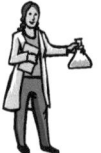

化學家

kemist

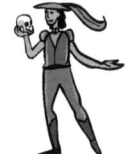

演員

skådespelare

公車司機

busschaufför

計程車司機

taxichaufför

漁夫

fiskare

清洗女工

städerska

屋頂工

takläggare

服務生

servitör

獵人

jägare

畫家

målare

麵包師

bagare

電工

elektriker

建築工人

byggarbetare

工程師

ingenjör

屠夫

slaktare

水管工

rörmokare

郵差

brevbärare

士兵

soldat

建築師

arkitekt

收銀員

kassör

花農

florist

理髮師

frisör

售票員

konduktör

機械技師

mekaniker

船長

kapten

牙醫

tandläkare

科學家

vetenskapsman

拉比

rabbin

伊瑪目

imam

和尚

munk

牧師

präst

工具
verktyg

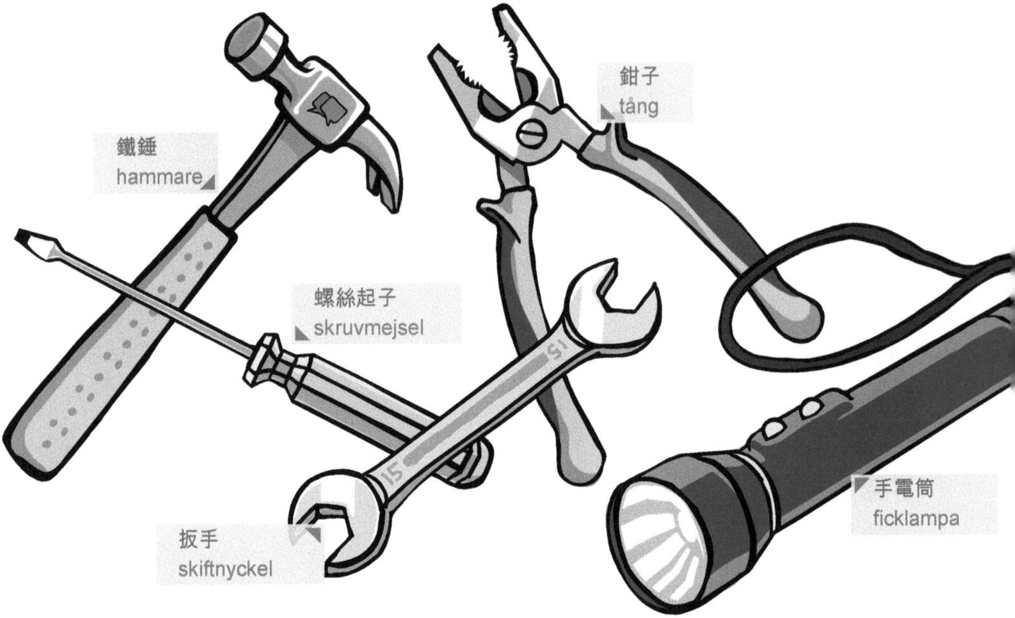
鐵錘
hammare
螺絲起子
skruvmejsel
鉗子
tång
扳手
skiftnyckel
手電筒
ficklampa

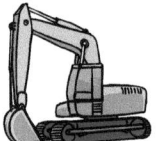

挖掘機

grävmaskin

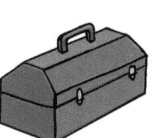

工具箱

verktygslåda

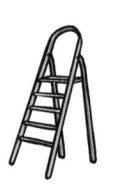

梯子

stege

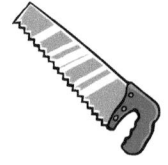

鋸子

såg

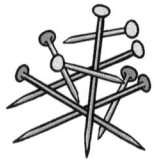

釘子

spik

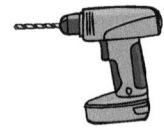

鑽機

borr

修
reparera

鏟子
spade

糟糕！
Helvete!

畚箕
sopskyffel

油漆桶
färgburk

螺絲
skruvar

樂器
musikinstrument

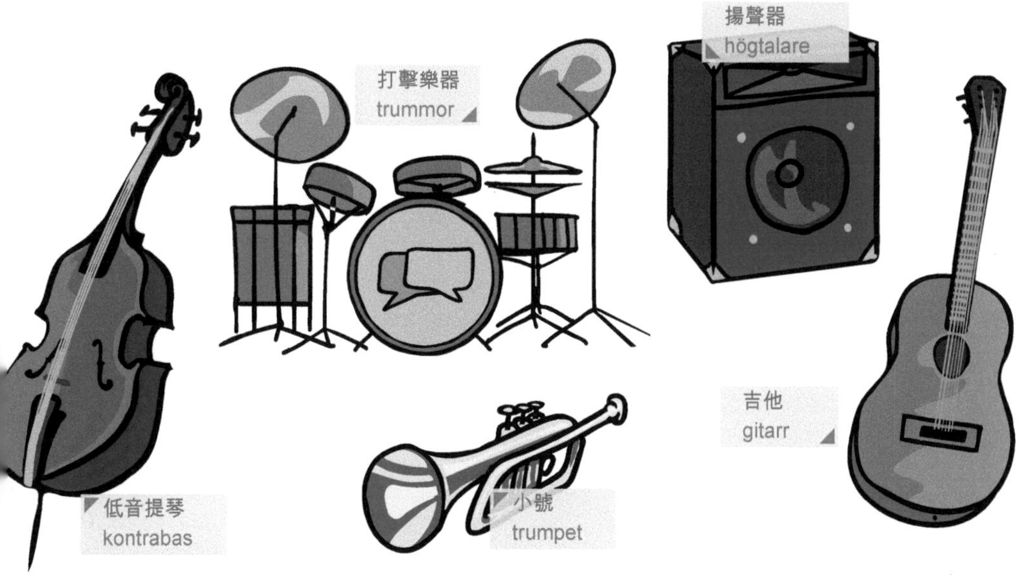

打擊樂器
trummor

揚聲器
högtalare

吉他
gitarr

低音提琴
kontrabas

小號
trumpet

鋼琴

piano

小提琴

violin

貝斯

bas

定音鼓

timpani

鼓

trumma

電子琴

keyboard

薩克斯風

saxofon

長笛

flöjt

麥克風

mikrofon

動物園

ZOO

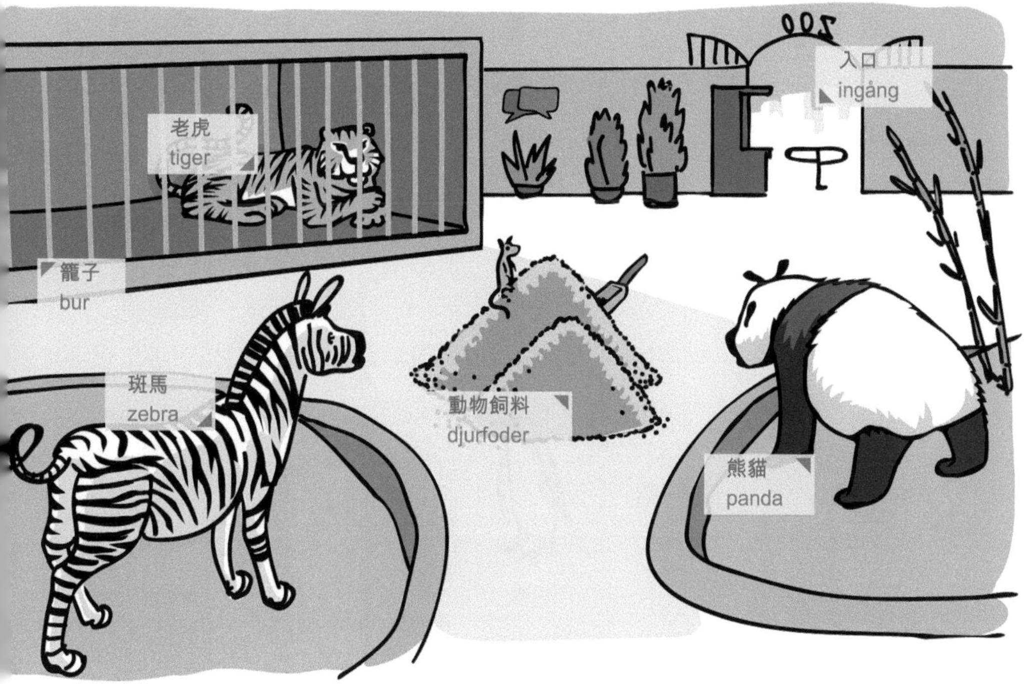

入口
ingång
老虎
tiger
籠子
bur
斑馬
zebra
動物飼料
djurfoder
熊貓
panda

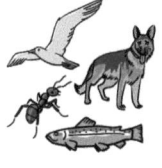

動物

djur

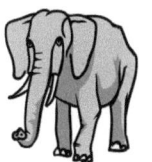

大象

elefant

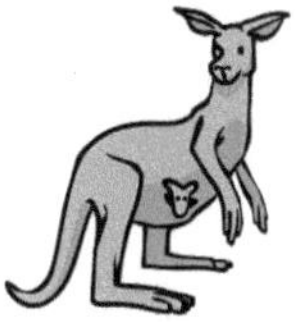

袋鼠

känguru

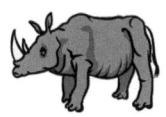

犀牛

noshörning

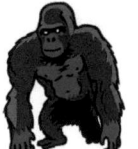

大猩猩

gorilla

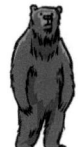

熊

björn

駱駝

kamel

鴕鳥

struts

獅子

lejon

猴子

apa

紅鶴

flamingo

鸚鵡

papegoja

北極熊

isbjörn

企鵝

pingvin

鯊魚

haj

孔雀

påfågel

蛇

orm

鱷魚

krokodil

動物園管理員

djurskötare

海豹

säl

美洲豹

jaguar

矮種馬

ponny

豹

leopard

河馬

flodhäst

長頸鹿

giraff

老鷹

örn

野豬

vildsvin

魚

fisk

龜

sköldpadda

海象

valross

狐狸

räv

羚羊

gazell

橄欖球
amerikansk fotboll

騎腳踏車
cykling

網球
tennis

籃球
basket

游泳
simning

拳擊
boxning

冰球
ishockey

美式足球
fotboll

羽毛球
badminton

田徑
friidrott

手球
handboll

滑雪
skidåkning

馬球
polo

aktiviteter

跳 hoppa

擁抱 krama

笑 skratta

走路 gå

唱 sjunga

祈禱 be

親吻 kyssa

做夢 drömma

書寫
skriva

畫
rita

展示
visa

推
skjuta

給
ge

拿
ta

有
hagel

做
göra

當
vara

站
stå

跑
springa

拉
dra

丟
kasta

摔倒
falla

躺
ligga

等待
vänta

攜帶
bära

坐
sitta

穿衣
klä på

睡覺
sova

醒來
vakna

看
se på

哭
gråta

擊
smeka

梳頭
kamma

交談
prata

明白
förstå

問
fråga

聽
höra

喝
dricka

吃
äta

清理
städa

愛
älska

做飯
laga mat

開車
köra

飛
flyga

航行
segla

計算
räkna

讀
läsa

學習
lära sig

工作
arbeta

結婚
gifta sig

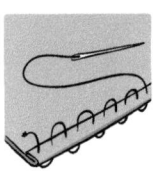

縫
sy

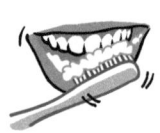

刷牙
borsta tänderna

殺
döda

抽菸
röka

寄
skicka

祖母
mormor/farmor

祖父
morfar/farfar

父親
pappa

母親
mamma

嬰兒
baby

女兒
dotter

兒子
son

客人

gäst

阿姨

moster/faster

叔叔

farbror/morbror

兄弟

bror

姐妹

syster

身體

kropp

前額
panna
眼睛
öga
肩膀
skuldra
手指
finger
臉
ansikte
下巴
haka
手
hand
腿
ben
乳房
bröst
手臂
arm

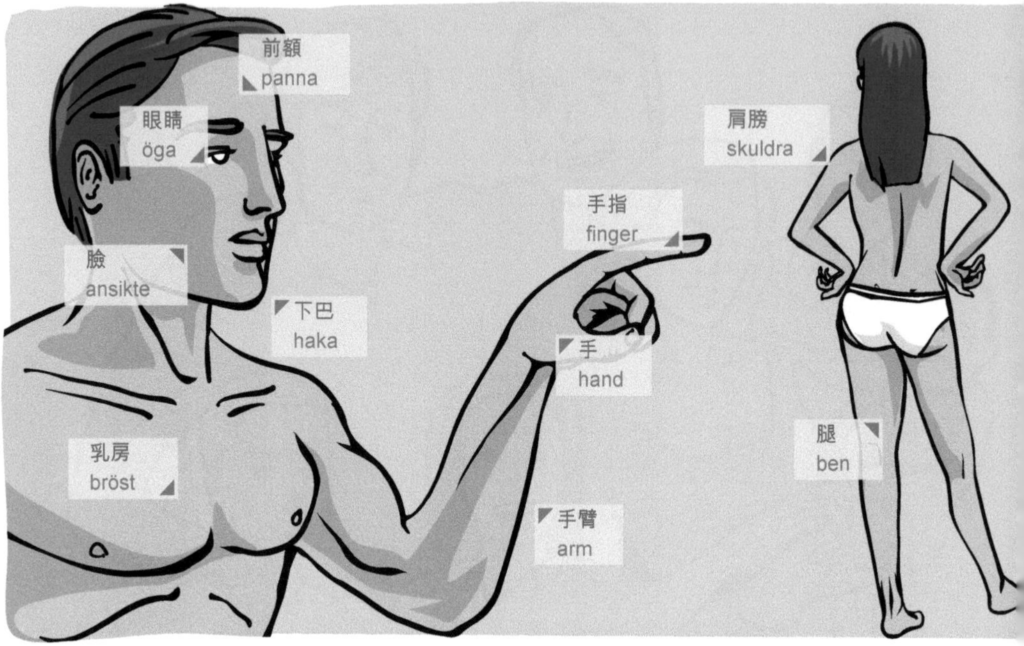

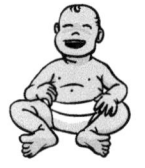

嬰兒

baby

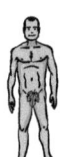

男人

man

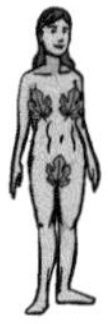

女人

kvinna

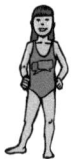

女孩

flicka

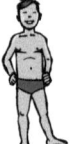

男孩

pojke

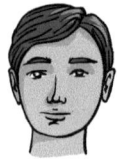

頭

huvud

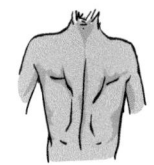

背部

rygg

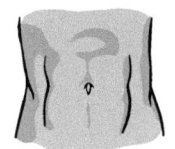

肚子

mage

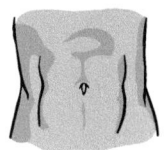

肚臍

navel

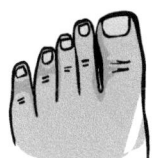

腳趾

tå

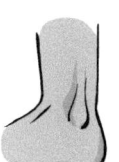

腳後跟

häl

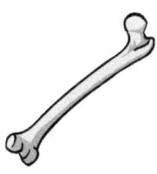

骨頭

ben

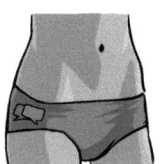

臀部

höft

膝蓋

knä

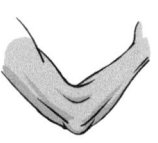

手肘

armbåge

鼻子

näsa

屁股

stjärt

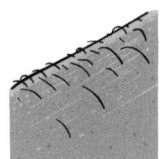

皮膚

hud

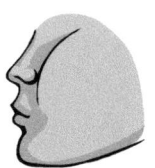

臉頰

kind

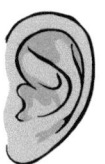

耳朵

öra

嘴唇

läpp

身體 - kropp

嘴

mun

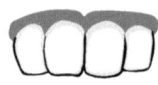

牙齒

tand

舌頭

tunga

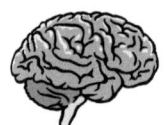

腦

hjärna

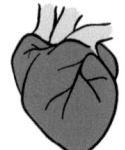

心臟

hjärta

肌肉

muskel

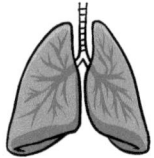

肺

lunga

肝臟

lever

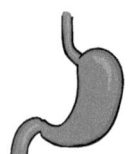

胃

magsäck

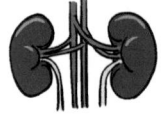

腎臟

njurar

性交

sex

保險套

kondom

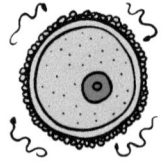

卵子

äggcell

精子

sperma

懷孕

graviditet

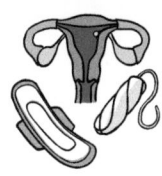

月事

menstruation

陰道

vagina

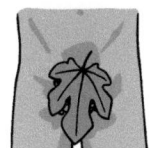

陰莖

penis

眉毛

ögonbryn

頭髮

hår

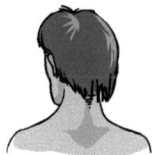

脖子

nacke

醫院
sjukhus

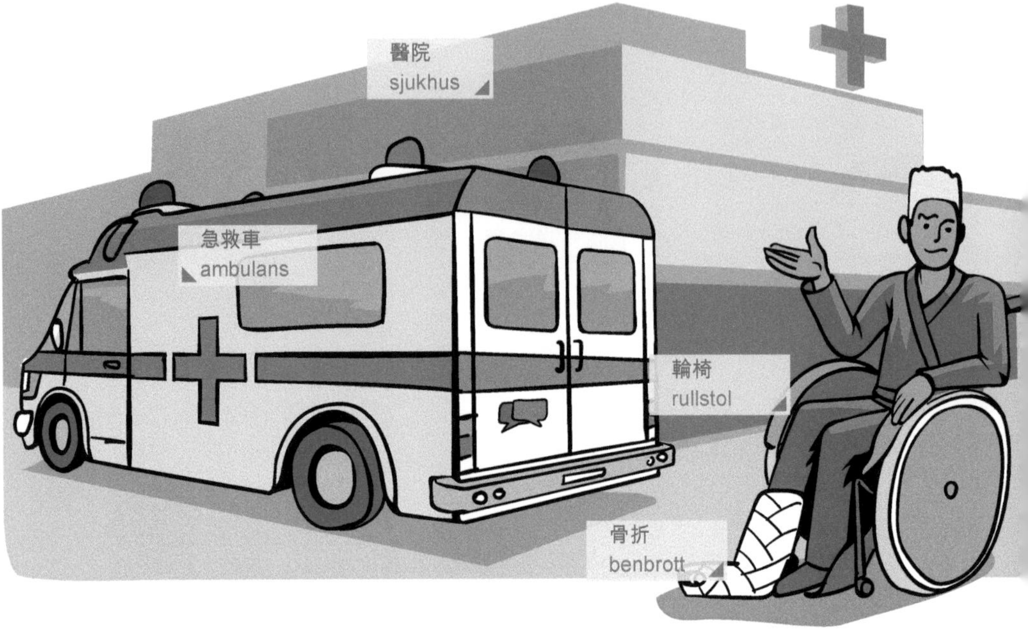

醫院
sjukhus
急救車
ambulans
輪椅
rullstol
骨折
benbrott

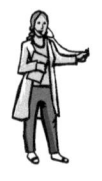

醫師

läkare

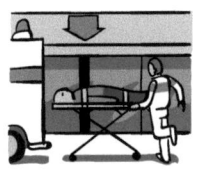

急診室

akutmottagning

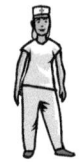

護理師

sjuksköterska

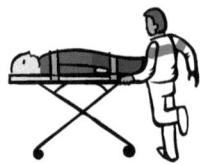

緊急情形

nödsituation

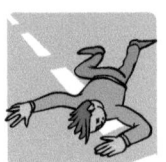

昏迷

medvetslös

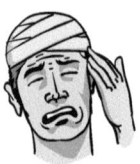

痛

smärta

受傷
skada

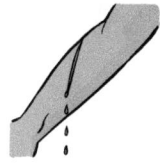

出血
blödning

心臟病發作
hjärtattack

中風
slaganfall

過敏
allergi

咳嗽
hosta

發燒
feber

流感
influensa

腹瀉
diarré

頭痛
huvudvärk

癌症
cancer

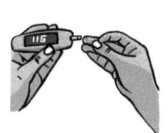

糖尿病
diabetes

外科醫師
kirurg

手術刀
skalpell

手術
operation

電腦斷層掃描
CT

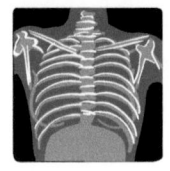

X光
röntgen

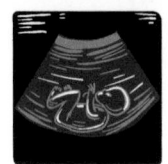

超音波
ultraljud

口罩
ansiktsmask

疾病
sjukdom

候診室
väntsal

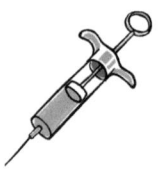

拐杖
krycka

石膏
plåster

繃帶
bandage

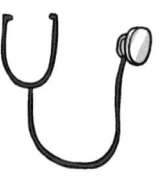

注射
injektion

聽診器
stetoskop

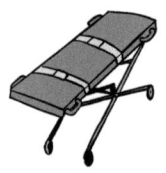

擔架
bår

體溫計
termometer

出生
födsel

超重
övervikt

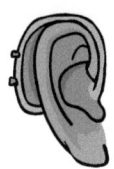

助聽器

hörapparat

消毒液

desinfektionsmedel

感染

infektion

病毒

virus

愛滋病

HIV / AIDS

藥物

medicin

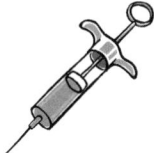

接種疫苗

vaccination

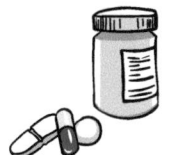

藥片

tabletter

藥丸

p-piller

急救電話

nödsamtal

血壓計

blodtrycksmätare

生病/健康

sjuk / frisk

救命！

Hjälp!

警報

alarm

突擊

överfall

攻擊

misshandel

危險

fara

緊急出口

nödutgång

失火了！

Det brinner!

滅火器

brandsläckare

意外

olycka

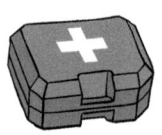

急救箱

förbandslåda

呼救訊號

SOS

員警

polis

歐洲
Europa

北美洲
Nordamerika

南美洲
Sydamerika

非洲
Afrika

亞洲
Asien

澳洲
Australien

大西洋
Atlanten

太平洋
Stilla Havet

印度洋
Indiska Oceanen

南冰洋
Antarktiska Oceanen

北冰洋
Arktiska Oceanen

北極
Nordpol

南極

Sydpol

南極洲

Antarktis

地球

Jorden

陸地

land

海

hav

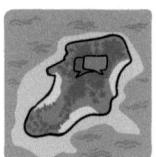

島

ö

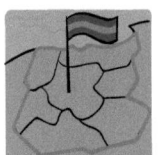

國家

nation

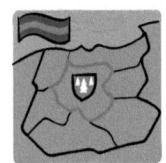

州

stat

錶盤

urtavla

時針

timvisare

分針

minutvisare

秒針

sekundvisare

現在幾點？

Vad är klockan?

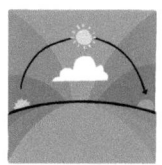

天

dag

時間

tid

現在

nu

電子錶

digital klocka

分

minut

時

timme

週

vecka

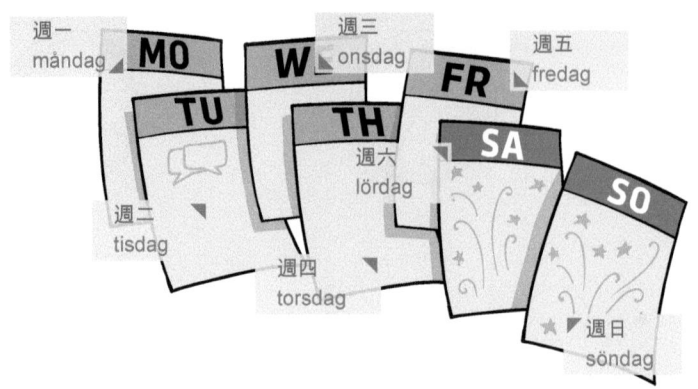

週一 måndag
週二 tisdag
週三 onsdag
週四 torsdag
週五 fredag
週六 lördag
週日 söndag

昨天
igår

今天
idag

明天
imorgon

早晨
morgon

中午
middag

晚上
kväll

工作日
vardagar

週末
helg

雨
regn

彩虹
regnbåge

風
vind

雪
snö

春
vår

秋
höst

夏
sommar

冬
vinter

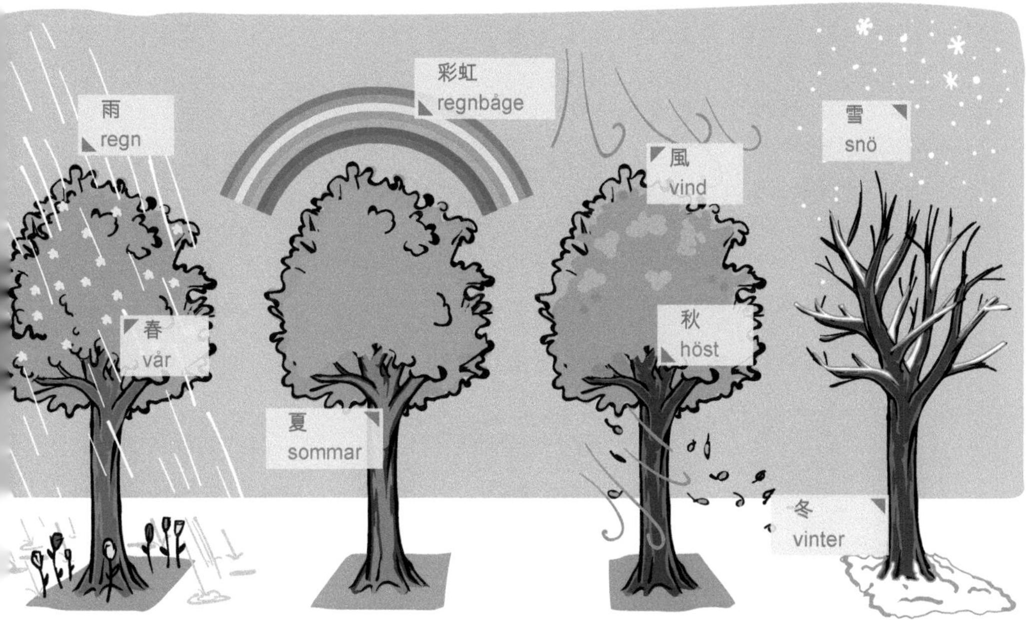

天氣預告

väderprognos

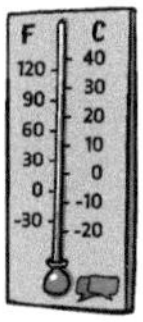

溫度計

termometer

陽光

solsken

雲

moln

霧

dimma

潮濕

luftfuktighet

閃電
blixt

打雷
åska

風暴
storm

冰雹
hagel

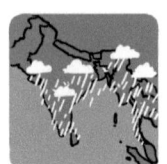

季風
monsun

洪水
översvämning

冰
is

一月
januari

二月
februari

三月
mars

四月
april

五月
maj

六月
juni

七月
juli

八月
augusti

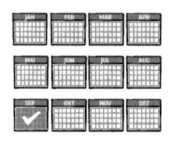

九月

september

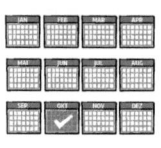

十月

oktober

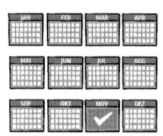

十一月

november

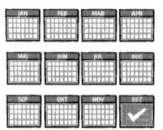

十二月

december

形狀

former

圓形

cirkel

正方形

kvadrat

長方形

rektangel

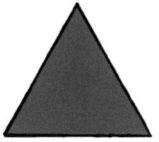

三角形

triangel

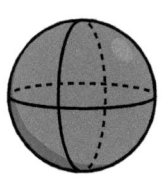

球體

sfär

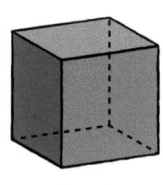

立方體

kub

白
vit

黃
gul

橙
orange

粉
rosa

紅
röd

紫
lila

藍
blå

綠
grön

棕
brun

灰
grå

黑
svart

很多/少許

mycket / lite

生氣/平靜

arg / lugn

美/醜

vacker / ful

首/尾

början / slut

大/小

stor / liten

明/暗

ljus / mörk

兄弟/姐妹

bror / syster

乾淨/骯髒

ren / smutsig

完整/缺失

komplett / ofullständig

白天/晚上

dag / natt

死/生

död / levande

寬/窄

bred / smal

可食用/非食用

ätlig / oätlig

邪惡/善良

ond / god

興奮/無聊

upphetsad / uttråkad

胖/瘦

tjock / smal

第一/最後

först / sist

朋友/敵人

vän / fiende

滿/空

full / tom

硬/軟

hård / mjuk

重/輕

tung / lätt

餓/渴

hunger / törst

生病/健康

sjuk / frisk

非法/合法

olaglig / laglig

聰明/愚笨

intelligent / dum

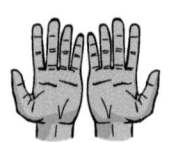

左/右

vänster / höger

近/遠

nära / långt bort

新/舊

ny / begagnad

沒有/有些

inget / något

老/幼

gammal / ung

開/關

på / av

打開/闔上

öppen / stängd

安靜/吵鬧

tyst / högljudd

富/窮

rik / fattig

對/錯

rätt / fel

粗糙/光滑

grov / slät

傷心/高興

ledsen / glad

短/長

kort / lång

慢/快

långsam / snabb

濕/乾

våt / torr

溫暖/涼爽

varm / sval

戰爭/和平

krig / fred

0

零

noll

1

一

ett

2

二

två

3

三

tre

4

四

fyra

5

五

fem

6

六

sex

7

七

sju

8

八

åtta

9

九

nio

10

十

tio

11

十一

elva

12
十二
....
tolv

13
十三
....
tretton

14
十四
....
fjorton

15
十五
....
femton

16
十六
....
sexton

17
十七
....
sjutton

18
十八
....
arton

19
十九
....
nitton

20
二十
....
tjugo

100
百
....
hundra

1.000
千
....
tusen

1.000.000
百萬
....
miljon

語言
språk

英語
engelska

美式英語
amerikansk engelska

普通話
kinesisk mandarin

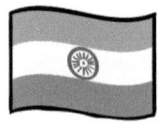

印地語
hindi

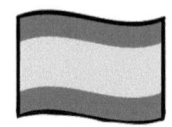

西班牙語
spanska

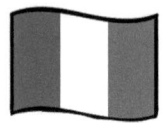

法語
franska

阿拉伯語
arabiska

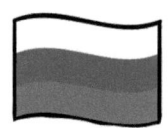

俄語
ryska

葡萄牙語
portugisiska

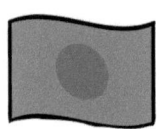

孟加拉語
bengali

德語
tyska

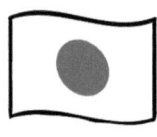

日語
japanska

我

jag

你

du

他/她/它

han / hon / den (det)

我們

vi

你們

ni

他們

de

誰？

vem?

什麼？

vad?

如何？

hur?

何處？

var?

何時？

när?

名字

namn

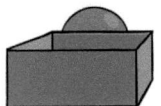

後面

bakom

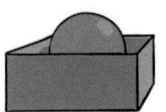

裡面

i

前面

framför

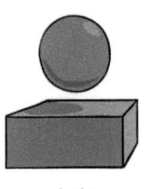

上方

över

上面

på

下麵

under

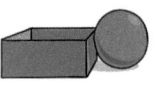

旁邊

bredvid

中間

mellan

地點

plats